schnell
einfach
raffiniert

GOLDEN TOAST

...MEHR ALS TOAST

Tolle Rezeptideen
für köstliche
Kleinigkeiten

FALKEN

inhalt

Die Geburtsstunde des Toastbrots

Wann und von wem genau das Toastbrot erfunden wurde, ist nicht bekannt. Dass es seinen Ursprung jedoch im angloamerikanischen Raum haben muss, verrät schon der Name.

Tatsächlich waren es die Engländer, die das Toasten erfunden haben – wahrscheinlich wurde es ihnen auf Dauer ganz einfach zu langweilig, immer nur eine einzige Brotsorte zu essen. Denn die fast unüberschaubare Vielfalt an Brotsorten, die wir in Deutschland kennen, gibt es nirgendwo sonst auf der Welt. In England, den Niederlanden und den USA wird wegen der großen Weizenproduktion Brot praktisch nur aus dieser Getreidesorte gebacken. Auch die Methode, Brot unter Verwendung von Sauerteig zu backen, ist eine deutsche Erfindung, die im angelsächsischen Raum einst völlig unbekannt war.

Doch wie bei uns war auch dort das tägliche Brot ein wichtiger Bestandteil der Ernährung. Um in diesem Weißbroteinerlei ein wenig Abwechslung zu schaffen, konnte man dem Teig geschmacksgebende Zutaten wie Kräuter, Gewürze, Früchte oder Nüsse beimischen – oder das Brot rösten. Die letztgenannte Methode erfreute sich bald solcher Beliebtheit, dass dazu mit dem Toastbrot eine eigene Brotsorte entwickelt wurde. Und um sich nicht immer an der heißen Herdplatte die Finger zu verbrennen, erfand man mit dem Toaster ein Gerät, das den Vorgang des Brotröstens wesentlich vereinfachte.

golden toast

der Snack für alle Gelegenheiten

Der Siegeszug des Toastbrots

Bis Ende der 50er-Jahre war das Toastbrot in Deutschland noch weitgehend unbekannt. Mit dem Wirtschaftswunder veränderten sich nicht nur der Lebenswandel, sondern auch die Essgewohnheiten der Bevölkerung. Immer mehr Bäcker, die jeden Morgen ihre Frühstücksbrötchen direkt zu den Kunden gebracht hatten, stellten diesen Service wegen der hohen Kosten ein. Viel Zeit für ein üppiges Frühstück blieb nicht mehr, denn die meisten Deutschen hatten ihren Arbeitsplatz außerhalb ihres Hauses.

So entdeckte man auch hierzulande das Toastbrot – bestrichen mit Butter, Quark, Marmelade oder Honig – als ideales Frühstück. Zwei Scheiben Toast, dazu eine heiße Tasse Kaffee, und der Tag konnte starten. Die Vorteile des Toastbrotes überzeugten schnell: Man muss es nicht stets frisch einkaufen, es ist schon geschnitten, hält sich längere Zeit und ist immer knusprig frisch, wenn es aus dem Toaster springt.

Golden Toast – Vielseitigkeit ist Trumpf

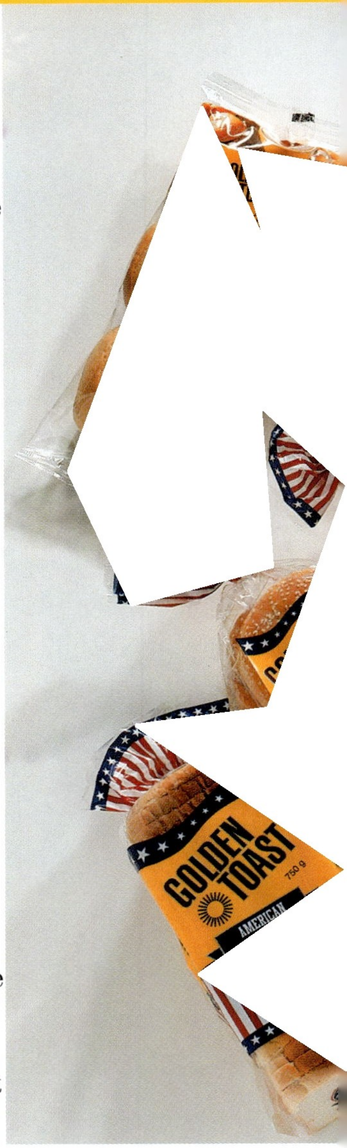

»Guten Morgen!« Egal ob sonntags oder unter der Woche – mit Toastbrot, Sonntagsbrötchen oder auch gemischten Brötchen können Sie sich, Ihre Familie und Ihre Gäste nach Herzenslust verwöhnen. Für jedermann ist das Richtige dabei. Rosinenschnitten, »Leicht und Zart« sowie Weißbrot sind beliebt bei Alt und Jung. Die Vielfalt an Golden Toast macht den morgendlichen Gang zum Bäcker überflüssig und Sie können sich in aller Ruhe noch mal im Bett umdrehen.

»Have a nice day!« In den USA hat Fastfood eine lange Tradition, und diesem Kult folgen insbesondere Kids und Teens. Der Amerikaner genießt Hamburger oder Hot Dogs in Schnellrestaurants. Sandwiches bekommt man mittags in jeder guten Bar. Die Auswahl ist gigantisch. Damit Sie sich das richtige American-Feeling nach Hause holen können, hält Golden Toast mit American Hamburger, Sandwich, Hot Dog – und für die ganz Hungrigen mit Mega-Burger – das passende Kult-Produkt bereit.

»Bon jour!« Wer sich für einen richtigen Franzosen hält, beginnt den Tag mit einer großen Tasse Café au lait und stippt noch etwas verträumt das Croissant in den Kaffee. Baguette und Baguette-Brötchen bilden die kulinarische Grundlage durch den Tag. Ob als Kleinigkeit in der Mittagspause oder bei einem opulenten Menü am Abend – Baguettes und Baguette-Brötchen sind die passenden Begleiter von den Amuse-Gueules bis zum Fromage.

»Buona sera!« Der Italiener begnügt sich tagsüber mit kleinen Mahlzeiten, ist aber als Genießer bekannt, der es sich am Abend richtig gut gehen lässt. Ciabatta, die herrlich lockeren weißen Brötchen mit der etwas kräftigeren Kruste, sind an lauschigen Sommerabenden ideale Begleiter durch das mehrgängige Menü.

Wer sich nun gar nicht auf eine kulinarische Ländervariante festlegen will, sollte es mal mit den Toasties probieren. Sie sind einfach »multikulti«, eine Mischung aus Toast und Brötchen, und umwerfend vielseitig.

rezepte

Sie werden staunen, was man aus Golden Toast alles machen kann! Die besten Rezepte aus vier Ländern für köstliche Snacks mit Toastbrot, Baguettes, Baguette-Brötchen, Croissants und Toasties finden Sie auf den folgenden Seiten.
Für die Zubereitung der meisten Rezepte benötigen Sie nicht mehr als Ihren Toaster und einen Backofen. Bei einigen Sandwich-Rezepten ist die Verwendung eines Sandwich-Toasters zweckmäßig.

berliner schrippe

Zubereitungszeit: ca. 15 Min.
Für 4 Stück

1 Den Backofen auf 220 °C (Umluft 200 °C; Gas Stufe 4) vorheizen. Die Sonntagsbrötchen auf mittlerer Schiene 7 bis 9 Minuten backen.

2 Inzwischen die Goudascheiben der Länge nach mittig durchschneiden. Die Schinkenscheiben ebenfalls halbieren.

3 Die Lollo-Rosso-Blätter waschen und trockenschleudern. Das Stück Gurke schälen und in 8 gleich große Stifte schneiden.

4 Den Schnittlauch und die Petersilie waschen und trockentupfen. Den Schnittlauch in etwa 4 cm lange Röllchen schneiden. Die Petersilie grob hacken.

5 Die Sonntagsbrötchen quer halbieren. Die unteren Hälften jeweils mit 1 Teelöffel Remoulade bestreichen und mit etwas Petersilie bestreuen. Die Lollo-Rosso-Blätter auf die Remoulade legen.

6 Die Goudascheiben auf der Arbeitsfläche auslegen und die Schinkenscheiben darauf legen. Jede Gouda-Schinken-Scheibe mit einem Stück Gurke und ein paar Schnittlauchröllchen zu einer Roulade aufrollen.

7 Je zwei Rollen auf die Salatblätter legen und das Ganze mit den oberen Hälften der Sonntagsbrötchen abdecken.

Variation

Anstelle von gekochtem Schinken können Sie natürlich auch geräucherten Schinken verwenden.

Zutaten
4 Sonntagsbrötchen
4 Scheiben Gouda
4 Scheiben gekochter Schinken
4 Blätter Lollo Rosso
4 cm Salatgurke
$^1/_2$ Bund Schnittlauch
einige Zweige glatte Petersilie
4 TL Remoulade

TIPP Ein echter Berliner nimmt natürlich keine gewöhnliche Salatgurke, sondern eine Spreewald-Gurke.

deftige bauernschnitte

Zubereitungszeit: ca. 20 Min.
Für etwa 20 Stück

Zutaten
250 g Blutwurst
2 Zwiebeln
1 TL Kreuzkümmel
4 EL Olivenöl
Salz, schwarzer Pfeffer
2 Baguettes
100 g entsteinte schwarze Oliven

1 Die Wurst in etwa 1 cm dicke Scheiben von der Größe einer Brotscheibe schneiden. Die Zwiebeln schälen und fein hacken. Den Kreuzkümmel im Mörser zerstoßen. Den Backofen auf 200 °C (Umluft 160 °C; Gas Stufe 3) vorheizen.

2 Das Olivenöl in einer Pfanne erhitzen. Die Wurstscheiben portionsweise dazugeben und auf beiden Seiten braten. Die Wurst aus dem Öl nehmen und warm stellen. Die Zwiebeln im heißen Öl goldgelb braten, aus der Pfanne nehmen und auf mehreren Lagen Küchenkrepp abtropfen lassen. Die Wurst mit Salz, Pfeffer und Kreuzkümmel bestreuen und die Röstzwiebeln darüber verteilen. Das Ganze warm stellen.

3 Die Baguettes etwa 8 Minuten auf mittlerer Schiene aufbacken. Inzwischen die Oliven hacken. Die Baguettes noch heiß in Scheiben schneiden.

4 Die Brotscheiben mit gehackten Oliven bestreuen und mit je einer Scheibe Wurst belegen. Das Ganze warm servieren.

Variation
Anstelle der Blutwurst können Sie auch roten Schwartenmagen – in Süddeutschland Presssack genannt – verwenden.

TIPP Kreuzkümmel gibt es auch als Pulver. Vielfach ist dieses Gewürz auch unter der Bezeichnung „Cumin“ im Handel.

brocken-stärkung

Zubereitungszeit ca. 10 Min.
(plus ca. 2 Std. Marinierzeit)
Für 6 Stück

1 Die Harzer Rolle in 12 Scheiben schneiden und in eine Schüssel legen.

2 Die Zwiebel schälen und fein hacken. Den Schnittlauch waschen, trockentupfen und in feine Röllchen schneiden.

3 Den Weißweinessig mit dem Öl und einem Esslöffel Wasser verrühren. Die Zwiebel und die Schnittlauchröllchen unterrühren und diese Marinade mit Salz, Pfeffer und Kümmel würzen.

4 Die Marinade auf den Käse geben und das Ganze im Kühlschrank mindestens 2 Stunden zugedeckt durchziehen lassen. Den Käse gelegentlich in der Marinade wenden.

5 Die vorgeteilten Toasties vorsichtig trennen und im Toaster goldbraun toasten. Auf eine Hälfte jeweils 2 Scheiben Harzer mit etwas Marinade geben und mit der anderen Hälfte abdecken.

Variation

Wenn Sie nicht zu den Körnerfans gehören, können Sie natürlich auch Weizen Toasties verwenden.

Zutaten
200 g Harzer Käse
1 kleine Zwiebel
1/2 Bund Schnittlauch
2 EL Weißweinessig
1 EL Sonnenblumenöl
1 Prise Salz
schwarzer Pfeffer aus der Mühle
1 Msp. gemahlener Kümmel
6 Mehrkorn Toasties

TIPP
Wenn Sie keinen gemahlenen Kümmel im Haus haben, können Sie auch 1 Teelöffel normalen Kümmel im Mörser zerstoßen und diesen unter die Marinade geben. Frisch zerstoßener Kümmel schmeckt noch aromatischer.

hamburger seemannsgarn

Zubereitungszeit: ca. 15 Min.

Für 4 Stück

Zutaten
1 Rote Bete
4 Baguette-Brötchen
4 Blätter Kopfsalat
½ Bund Schnittlauch
100 g Schmand
etwas Salz
schwarzer Pfeffer aus der Mühle
20 g Butter
4 Matjesfilets

1 Die Rote Bete waschen und in reichlich Salzwasser bissfest kochen. Die Rote Bete abkühlen lassen und schälen.

2 Den Backofen auf 220 °C (Umluft 180 °C; Gas Stufe 4) vorheizen. Die Baguette-Brötchen auf der mittleren Schiene 6 bis 8 Minuten aufbacken.

3 Die Salatblätter waschen und trockenschütteln. Den Strunk entfernen. Den Schnittlauch waschen, trockentupfen und in feine Röllchen schneiden.

4 Den Schmand mit dem Schnittlauch verrühren und mit Salz und Pfeffer abschmecken. Die Rote Bete mit einem Bundmesser in dünne Scheiben schneiden.

5 Die Baguette Brötchen längs halbieren, die Unterseiten mit der Butter bestreichen und mit je einem Salatblatt belegen. Ein Matjesfilet auf jedes Salatblatt geben, mit dem Schnittlauchschmand bestreichen und mit etwa 3 Scheiben Rote Bete belegen.

6 Zum Schluss die oberen Brötchenhälften mit dem restlichen Schmand bestreichen und auf die Baguette-Brötchen-Unterhälften setzen.

Variation

Anstelle von Baguette Brötchen können Sie den Belag auch auf Weizen Toast geben und als Snack zu einem kühlen Bier servieren.

TIPP

Kochen Sie eine größere Menge Rote Bete und verwenden Sie die übrigen für einen Rote-Bete-Salat. Statt des Schnittlauchs können Sie auch eine Essiggurke fein würfeln und unter den Schmand rühren.

sandwich mit lauch-speck-füllung

Zubereitungszeit: 15 Min.

Für 8 Stück

Zutaten

1 Zwiebel
50 g durchwachsener Räucherspeck
1 Stange Lauch (ca. 10 cm lang)
1–2 EL Butter
Salz
frisch gemahlener Pfeffer
1 Prise Cayennepfeffer
1 Prise Kümmel
2 Eier
50 g geriebener Emmentaler
2 EL Schnittlauchröllchen
8 Scheiben Weizen Toast
1 EL Butter zum Bestreichen

1 Die Zwiebel und den Speck fein würfeln, den Lauch in feine Streifen schneiden.

2 Die Butter in einer Pfanne erhitzen und den Speck darin auslassen. Das Gemüse dazugeben und glasig schwitzen. Mit Salz, Pfeffer, Cayennepfeffer und Kümmel kräftig würzen. Die Lauch-Speck-Mischung in eine Schüssel geben. Das Ei und den Käse kräftig darunterschlagen und den Schnittlauch darunter mischen. Nochmals abschmecken.

3 Die Weizen Toast Scheiben mit Butter dünn bestreichen und die Ei-Gemüse-Masse gleichmäßig darauf verteilen. Die belegten Weizen Toast Scheiben mit einer weiteren Brotscheibe bedecken und im Sandwich-Toaster 8 bis 10 Minuten toasten. Zuletzt diagonal halbieren und servieren.

Variation

Mit Vollkorn Toast können Sie diese Sandwich-Toasts ebenfalls zubereiten.

TIPP Aus diesem Snack lässt sich schnell eine komplette Mahlzeit zaubern, indem Sie dazu einen bunten Blattsalat reichen.

Toast „weiß-blau“

Zubereitungszeit: ca. 15 Min.

Für 8 Stück

Zutaten
1 Zwiebel
1–2 EL Butter
4 kleine Scheiben Fleisch- oder Leberkäse
4 Scheiben Vollkorn Toast
4 EL Münchner Weißwurstsenf
4 Scheiben Emmentaler
4 kleine Essiggurken
glatte Petersilie zum Garnieren

1 Die Zwiebel schälen und in feine Ringe schneiden. Die Butter in einer Pfanne erhitzen und den Leberkäse darin anbraten. Die Zwiebeln dazugeben und mitrösten.

2 Den Backofen auf 200 °C (Umluft 180 °C; Gas Stufe 3) vorheizen. Die Toastscheiben toasten, dünn mit süßem Senf bestreichen und mit dem Leberkäse belegen. Den restlichen Senf auf den Leberkäse streichen. Das Ganze mit den Zwiebeln belegen und mit je einer Scheibe Käse bedecken.

3 Die Toastbrotscheiben im Backofen auf der oberen Schiene 6 bis 8 Minuten überbacken. Inzwischen die Gürkchen halbieren und fächerförmig schneiden. Am Ende der Backzeit die Toasts aus dem Ofen nehmen und mit den Gurkenfächern und der Petersilie belegen.

Variation
Wenn Ihre Leberkäsescheiben sehr groß sind, probieren Sie es doch mit American Sandwiches.

TIPP

In Bayern bevorzugt man süßen Senf, und zu einer zünftigen bayerischen Brotzeit gehört er dazu. Natürlich können Sie für dieses Rezept auch scharfen Senf verwenden, und ganz Hartgesottene begeistern sich vielleicht sogar für Tomatenketchup. Mit „Weiß-Blau“ hat das dann aber nichts mehr zu tun.

nürnberger brotschmaus

Zubereitungszeit: ca. 40 Min.
Für 5 Stück

1 Die Zwiebel schälen und fein würfeln. Etwa 10 g Butter in einem kleinen Topf erhitzen und die Zwiebelwürfel darin glasig dünsten.

2 Das Sauerkraut ausdrücken und zu den Zwiebeln geben. Kurz andünsten und mit dem Frankenwein ablöschen. Das Sauerkraut mit dem Lorbeerblatt, Salz und Zucker würzen und das Ganze etwa 30 Minuten auf kleiner Hitze köcheln lassen. Zum Schluss nochmals mit Pfeffer und Salz abschmecken und das Lorbeerblatt herausnehmen.

3 Inzwischen die Nürnberger Bratwürstchen trockentupfen. Das Öl in einer beschichteten Pfanne erhitzen und die Würstchen von allen Seiten braten.

4 Den Weizen Toast mit der restlichen Butter dünn bestreichen, das im Frankenwein geschmorte Sauerkraut auf die 5 Scheiben verteilen und je 2 Würstchen darauf legen.

Variation

Anstelle der Nürnberger Bratwürste können Sie auch etwa 80 g durchwachsenen Speck in einer Pfanne auslassen. Die Würfel unter das geschmorte Sauerkraut geben und das Ganze mit je 2 Streifen Camembert überbacken.

Zutaten
1 kleine Zwiebel
30 g Butter
400 g Sauerkraut
200 ml Frankenwein
1 Lorbeerblatt
1 Prise Salz
1 Prise Zucker
schwarzer Pfeffer aus der Mühle
10 Nürnberger Bratwürstchen
2 EL Sonnenblumenöl
5 Scheiben Weizen Toast

TIPP Diese kleinen Schweinsbratwürstchen sind eine Nürnberger Spezialität. Und wenn Sie dieses Gericht einem Franken servieren – vergessen Sie nicht das Glas Bier.

lübecker marzipan-schnitten

Zubereitungszeit: ca. 10 Min.
Für 8 Stück

Zutaten
100 g Marzipan-Rohmasse
5–6 EL Sahne
1 TL Orangenlikör
100 g entsteinte Kaiserkirschen aus dem Glas
2–4 EL Mandelsplitter
8 Scheiben Weizen Toast
2 EL Butter

1 Die Marzipan-Rohmasse zerbröckeln. Mit der Sahne und dem Orangenlikör in eine Schüssel geben und glatt rühren.

2 Die Kaiserkirschen gut abtropfen lassen, entsteinen und in Würfel schneiden. Mit den Mandelsplittern unter die Marzipanmasse rühren.

3 Die Weizen Toast Scheiben mit Butter bestreichen, die Marzipanmasse gleichmäßig darauf verteilen, je 2 mit den bestrichenen Flächen aufeinander legen und im Sandwich-Toaster 3 bis 4 Minuten toasten. Die Marzipanschnitten diagonal halbieren.

Variation
Natürlich können Sie die Marzipanschnitten auch mit Butter Toast zubereiten. Dabei entfaltet sich besonders gut das feine buttrige Aroma.

TIPP

Ein ebenso schnelles wie außergewöhnliches Rezept, an das Sie sich erinnern sollten, wenn überraschend Gäste zum Tee kommen.

schoko-bananen-ecken

Zubereitungszeit: ca. 10 Min.
Für 8 Stück

1 Die Bananen schälen, in dünne Scheiben schneiden und mit dem Zitronensaft beträufeln.

2 Die Butter Toast Scheiben dünn mit der Nuss-Nougat-Creme bestreichen.

3 Die Bananenscheiben auf 4 Butter Toast Scheiben verteilen. Mit Pistazien und Haselnüssen bestreuen und mit den restlichen Toastbrotscheiben bedecken.

4 Die Bananen-Toasts im Sandwich-Toaster 2 bis 3 Minuten toasten und zuletzt diagonal halbieren.

Zutaten
2 mittelgroße Bananen
Saft von $^1/_2$ Zitrone
8 Scheiben Butter Toast
6 EL Nuss-Nougat-Creme, z. B. Nutella
2 EL gehackte Pistazien
2 EL gehackte Haselnüsse

TIPP
Je nach Saison können Sie auch anderes Obst verwenden. Im Sommer schmecken diese Ecken auch besonders gut mit frischen Erdbeeren, die Sie in Scheiben schneiden. Im Herbst können Sie es mal mit fein geraspelten Äpfel oder Birnen ausprobieren.

münsterländer herbstauflauf

Zubereitungszeit: ca. 30 Min.
(plus ca. 30 Min. Backzeit)
Für 4 Personen

Zutaten
6 Scheiben Rosinenschnitten
400 ml Milch
2 Eier
2–3 Äpfel (ca. 500 g)
30 g Butter
3 EL Zucker
1/4 TL Zimt

1 Die Rosinenschnitten zweimal diagonal durchschneiden, so dass kleine Dreiecke entstehen.

2 Die Milch mit den Eiern verquirlen und die Brotscheiben darin einweichen. Den Backofen auf 200 °C (Umluft 180 °C; Gas Stufe 3) vorheizen.

3 Die Äpfel schälen, von Stielansätzen und Kerngehäusen befreien und dann in feine Spalten schneiden.

4 Nun 2 kleine Formen (etwa 10 x 18 cm) mit etwas Butter einfetten. Abwechselnd die Brotscheiben mit den Spitzen des gleichschenkeligen Dreiecks nach oben und die Apfelspalten einschichten. Die restliche Eiermilch darüber gießen.

5 Den Zucker mit dem Zimt mischen und die Aufläufe damit bestreuen. Die restliche Butter als Flöckchen darauf setzen. Im vorgeheizten Ofen auf mittlerer Schiene etwa 30 Minuten backen.

Variation
Wenn Sie Weißbrot statt Rosinenschnitten verwenden, sollten Sie diesen Auflauf auch einmal mit Kirschen ausprobieren.

TIPP

Natürlich können Sie anstelle der Äpfel auch anderes Obst verwenden. Es schmecken ebenfalls gut Birnen und Pflaumen.

Französische zwiebelsuppe

Zubereitungszeit: ca. 40 Min.
Für 8 Personen

1 Die Zwiebeln schälen und in dünne Ringe schneiden. Die Butter in einem Topf schmelzen lassen und die Zwiebelringe darin glasig dünsten. Die Zwiebeln mit Mehl bestäuben und alles unter Rühren leicht bräunen. Mit Pfeffer würzen.

2 Die Zwiebeln mit dem Wein ablöschen und die Brühe angießen. Die Suppe etwa 20 Minuten bei reduzierter Hitze köcheln lassen und zuletzt mit Salz abschmecken.

3 Während die Suppe kocht, den Greyerzer entrinden und grob reiben. Den Backofen auf 220 °C (Umluft 200 °C; Gas Stufe 4) vorheizen.

4 Die vorgeteilten Toasties trennen und mit den Schnittseiten nach oben auf ein Backblech legen. Den Greyerzer auf den Toastiehälften verteilen und das Ganze auf der obersten Schiene des Backofens etwa 5 Minuten backen, bis der Käse geschmolzen ist.

5 Die Zwiebelsuppe auf 8 Suppentassen verteilen und je eine Weizen Toastie Hälfte auf die Suppe geben.

Variation

Anstelle der Weizen Toasties können Sie auch 8 Scheiben Butter Toast verwenden. Diese teilen Sie diagonal und bestreuen sie dann mit dem Käse, der dann ebenfalls kurz gratiniert wird.

Zutaten
400 g Zwiebeln
30 g Butter
2 EL Mehl
schwarzer Pfeffer aus der Mühle
100 ml trockener Weißwein
1 l Rinderbrühe (Fertigprodukt)
Salz
100 g Greyerzer
4 Weizen Toasties

TIPP
Wegen der schwimmenden Toasties lässt sich die Zwiebelsuppe etwas schwierig essen. Sie können die Weizen Toasties aber auch separat dazu reichen.

weißbrot-röllchen „ardèche“

Zubereitungszeit: ca. 20 Min.
Für 16 Stück

Zutaten
8 Scheiben American Sandwich
40 g Butter
1 Schälchen Brunnenkresse
2 geräucherte Forellenfilets (ca. 120 g)
2 EL Crème fraîche
1 EL Zitronensaft
1 TL mittelscharfer Senf
Salz und Pfeffer

1 Von den American Sandwiches die Rinde abschneiden und die Scheiben mit dem Nudelholz flach rollen.

2 Die weiche Butter in eine Schüssel geben. Die Brunnenkresseblättchen von den Stielen zupfen und fein hacken. Die Hälfte davon unter die Butter mischen. Die American Sandwiches mit der Kressebutter bestreichen.

3 Die Forellenfilets grob hacken und in eine Schüssel geben. Crème fraîche, Zitronensaft, Senf, Salz und Pfeffer dazugeben und das Ganze mit dem elektrischen Mixstab pürieren.

4 Die Forellencreme auf die American Sandwiches verteilen und die Scheiben aufrollen. Die Brotrollen jeweils in der Mitte schräg durchschneiden. Je 4 Röllchen auf einem Teller anrichten und mit der restlichen Kresse bestreuen.

Variation
Versuchen Sie diese Röllchen doch einmal mit Räucherlachs anstelle der Forellenfilets.

TIPP

Anstelle von Brunnenkresse können Sie auch 1 Kästchen Gartenkresse verwenden. Diese schneiden Sie mit einer Küchenschere von den Wurzeln und brausen sie kurz unter fließendem Wasser ab.

gourmet-crostini

Zubereitungszeit: ca. 30 Min.
Für 24 Stück

1 Die Champignons putzen. Den Sellerie und die Möhre putzen und waschen und alles in kleine Würfel schneiden. Die Geflügellebern waschen und trockentupfen.

2 Die Schalotte schälen und fein würfeln. Das Öl und die Butter in einer Pfanne erhitzen und die Schalottenwürfel darin andünsten. Die Champignons, das Gemüse und die Geflügellebern dazugeben und alles etwa 5 Minuten schmoren.

3 Das Ganze in einen Mixer geben und fein pürieren oder sehr fein hacken. Die Lebermasse zusammen mit der Petersilie zurück in die Pfanne geben, 3 Esslöffel Wasser hinzufügen und alles unter Rühren etwa 5 Minuten köcheln lassen. Die Semmelbrösel zur Lebermasse geben und rühren, bis eine ziemlich feste Paste entstanden ist.

4 Die Leberfarce mit Zitronensaft, Salz, Pfeffer und Parmesan abschmecken. Den Backofen auf 200 °C (Umluft 180 °C, Gas Stufe 3) vorheizen.

5 Die Lebercreme auf die Weizen Toast Scheiben streichen. Die Weizen Toasts zweimal diagonal durchschneiden und die kleinen Dreiecke im Ofen kurz überbacken. Die Crostini mit Petersilienblättchen anrichten.

Variation

Anstelle von Weizen Toast können Sie auch Baguettes verwenden. Diese schneiden Sie, ohne sie zuvor aufzubacken, in etwa 2 cm dicke Scheiben und bestreichen sie mit der Leberfarce. Die Backzeit verlängert sich dadurch nicht.

Zutaten

100 g frische Champignons
1 Stück Sellerie (ca. 20 g)
1 kleine Möhre
125 g Geflügelleber
1 Schalotte
1 TL Olivenöl
1 TL Butter
1 EL gehackte Petersilie
1 EL Semmelbrösel
1 TL Zitronensaft
Salz und Pfeffer
1 TL Parmesan
6 Scheiben Weizen Toast
einige Petersilienblättchen zum Garnieren

TIPP

Geflügelleber finden Sie als Tiefkühlware in den Gefriertruhen vieler Supermärkte.

croissant roquefort

Zubereitungszeit: ca. 15 Min.
Für 4 Stück

1 Den Friséesalat putzen, waschen und trockenschleudern. Die Salatblätter fein zerpflücken. Den Backofen auf 200 °C (Umluft 160 °C; Gas Stufe 3) vorheizen. Den Ofenrost auf der mittleren Schiene einschieben.

2 Die Birne schälen, vierteln und entkernen. Die Birnenviertel grob raspeln und in eine Schüssel geben. Die Walnusskerne auf ein Holzbrett legen, mit einem großen Messer fein hacken und mit den Birnenraspeln vermengen.

3 Die Croissants aus der Packung nehmen, mit der Alu-Schale auf den Rost des Backofens legen und etwa 4 Minuten backen.

4 Inzwischen den Roquefort, so gut es geht, in 8 schmale Streifen schneiden. Den Friséesalat mit dem Himbeeressig vermengen.

5 Die Croissants aus dem Ofen nehmen und längs halbieren. Die Unterseiten mit etwas Butter bestreichen. Einige Blätter Friséesalat auf die Unterhälften geben und die Roquefortstreifen darauf legen. Das Ganze mit der Birnen-Walnuss-Mischung bedecken und den Pfeffer darüber mahlen. Zuletzt die oberen Hälften der Croissants darauf setzen.

Variation

Falls Sie es für einen Fauxpas halten, ein Croissant längs aufzuschneiden, können Sie für dieses Rezept natürlich auch Baguette Brötchen verwenden.

Zutaten
$^1/_4$ Kopf Friséesalat
1 kleine Birne
20 g Walnusskerne
4 Croissants
100 g Roquefort
1 EL Himbeeressig
10 g Butter
schwarzer Pfeffer aus der Mühle

TIPP

Falls Sie über einen Essigzerstäuber verfügen – dieser ist besonders gut geeignet, um die Salatblätter leicht mit Himbeeressig zu befeuchten.
Anstelle des Roqueforts können Sie die Croissants auch mit Camembert oder Brie aus der Normandie belegen.

croissant normandie

Zubereitungszeit: ca. 15 Min.
Für 4 Stück

Zutaten
100 g geschälte Tiefseegarnelen
100 g Crème fraîche
4 Croissants
6 Radieschen
1/2 Kästchen Gartenkresse
Salz
schwarzer Pfeffer aus der Mühle

1 Den Backofen auf 200 °C (Umluft 160 °C; Gas Stufe 3) vorheizen. Den Ofenrost auf der mittleren Schiene einschieben.

2 Die Garnelen waschen, trockentupfen und mit der Crème fraîche verrühren.

3 Die Croissants aus der Packung nehmen, in der Alu-Schale auf den Rost legen und im Ofen etwa 4 Minuten backen.

4 Inzwischen die Radieschen putzen, waschen und in dünne Stifte schneiden oder auf einer Rohkostreibe raspeln. Die Kresse mit einer Küchenschere vom Wurzelballen schneiden, in ein Sieb geben, waschen und trockentupfen. Jeweils die Hälfte der Radieschen und der Kresse unter die Garnelenmasse heben und das Ganze mit Salz und Pfeffer abschmecken.

5 Die Croissants aus dem Ofen nehmen und längs halbieren. Die Garnelen auf den Unterseiten verteilen und mit Radieschen und Kresse bestreuen. Über die belegten Croissants etwas Pfeffer mahlen und die oberen Hälften der Croissants darauf setzen.

Variation
Falls Sie keine Croissants im Haus haben, können Sie den Krabben-Dip auch zwischen 2 Scheiben American Sandwich streichen.

TIPP

Dieses Rezept wird noch feiner, wenn Sie die Zutaten für die Garnelenmasse mit dem Mixstab pürieren.

schlemmer-baguette

Zubereitungszeit: ca. 45 Min.

Für 8 Stück

Zutaten

300 g Schweinefilet
1 Fenchelknolle
200 g Möhren
2 EL Öl
1 Prise Salz
1/4 TL Pfeffer
2 EL Sojasauce
1 EL Tomatenketchup
2 EL trockener Sherry
1 EL Speisestärke
1/2 TL gemahlener Ingwer
4 Baguette Brötchen
150 g Ziegenweichkäse mit Blauschimmel oder Roquefort
frische Kräuter zum Garnieren

1 Das Schweinefilet waschen, trockentupfen und in feine Streifen schneiden. Den Fenchel und die Möhren putzen und waschen. Beides trockenreiben und in feine Streifen schneiden. Den Backofen auf 250 °C (Umluft 220 °C, Gas Stufe 4) vorheizen.

2 In einer Pfanne das Öl erhitzen und die Filetstreifen darin rundherum etwa 5 Minuten braten, salzen, pfeffern und herausnehmen. Das Gemüse in dem verbliebenen Öl unter Rühren anbraten. Das Schweinefleisch wieder zum Gemüse geben.

3 Die Sojasauce mit Ketchup, Sherry, Speisestärke und Ingwerpulver verrühren, zur Fleisch-Gemüse-Mischung geben und das Ganze unter Rühren weitere 3 Minuten leicht köcheln lassen.

4 Die Baguette Brötchen längs halbieren, etwas aushöhlen und mit der Fleisch-Gemüse-Mischung füllen.

5 Den Käse zerkrümeln und auf die gefüllten Baguette Brötchen streuen. Alles auf der mittlerer Schiene des Backofens etwa 15 Minuten überbacken. Herausnehmen, anrichten und mit Kräutern garnieren.

TIPP

Ziegenkäse ist im gesamten Mittelmeerraum sehr beliebt. Ziegen sind anspruchslos und leben auch in kargen Regionen. Käse aus Ziegenmilch ist eigenwillig bis streng im Geschmack. Manche Ziegenkäse werden frisch als Ziegenmilch-Quark angeboten, andere reifen zwischen einer Woche und mehreren Monaten. Je nach Sorte werden ihnen Gewürze, Kräuter oder Olivenöl zugesetzt. In Frankreich wird Ziegenkäse häufig in Kastanien- oder Weinblätter verpackt.

baguette brötchen elsässer art

Zubereitungszeit: ca. 15 Min.
(plus ca. 18 Min. Backzeit)
Für 8 Stück

1 Die Zwiebeln schälen, in sehr dünne Spalten schneiden und in Streifen zerlegen. Den durchwachsenen Speck sehr fein würfeln.

2 Das Ei verquirlen. Die saure Sahne darunter rühren und alles mit Salz, Pfeffer und Paprika sehr herzhaft würzen.

3 Den Backofen auf 220 °C (Umluft 200 °C, Gas Stufe 4) vorheizen. Die Baguette Brötchen längs halbieren.

4 Etwa 2 bis 3 Esslöffel von dem Eierguss auf jede aufgeschnittene Brötchenhälfte geben und mit einem Messer verstreichen. Dann die Zwiebelstreifen und die Speckwürfel gleichmäßig darauf verteilen.

5 Die Baguette-Hälften auf ein Blech setzen und auf der mittleren Schiene im Backofen etwa 18 Minuten backen.

Variation

Anstelle der Baguette Brötchen können Sie auch Baguette oder Weizen Toasties verwenden.

Zutaten
2 kleine Zwiebeln
120 g durchwachsener Speck
1 Ei
150 g saure Sahne
etwas Salz
schwarzer Pfeffer
Paprikapulver, edelsüß
4 Baguette Brötchen

TIPP

Zusammen mit einem gemischten Salat servieren Sie dieses Rezept als komplette Mahlzeit. Es ist auch eine willkommene Beilage zu einem trockenen Weißwein – am besten einem Edelzwicker aus dem Elsaß –, wenn abends überraschend Gäste kommen.

gratinierte spargel-röllchen

Zubereitungszeit: ca. 30 Min
(plus ca. 30 Min. Backzeit)
Für 4 Personen

Zutaten
500 g grüner Spargel
etwas Salz
1 Prise Zucker
10 g Butter
10 Scheiben Weißbrot
5 Scheiben gekochter Schinken
4 Eier
200 g süße Sahne
100 ml Milch
schwarzer Pfeffer aus der Mühle
1 Msp. Muskat
80 g geriebener Emmentaler

1 Den Spargel gründlich waschen, die unteren Enden etwa 1 cm breit abschneiden und die Stangen im unteren Viertel schälen.

2 In einem großen Topf reichlich Wasser zum Kochen bringen. Etwas Salz, eine Prise Zucker und etwas Butter dazugeben. Den Spargel darin 8 Minuten kochen.

3 Inzwischen die Weißbrotscheiben entrinden und mit einem Nudelholz etwas flach drücken. Die Schinkenscheiben halbieren.

4 Die Eier mit der Sahne und der Milch verquirlen. Mit Salz, Pfeffer und Muskat würzen. Die Weißbrotscheiben durch die Eier-Milch ziehen.

5 Den Backofen auf 200 °C (Umluft 180 °C; Gas Stufe 3) vorheizen. Eine flache, eckige Auflaufform (etwa 20 x 30 cm) mit der restlichen Butter einfetten.

6 Auf jede Weißbrotscheibe eine Scheibe Schinken legen. Dann 3 bis 4 Stangen Spargel darauf geben und die Scheiben aufrollen und dicht nebeneinander in die Auflaufform setzen.

7 Das Ganze mit der restlichen Eiermilch begießen, mit dem Käse bestreuen und im Ofen auf der mittleren Schiene etwa 30 Minuten backen.

TIPP

Natürlich können Sie anstelle des gekochten Schinkens auch geräucherten Schinken verwenden. Zu Spargel passt sehr gut ein leichter, trockener Weißwein, z. B. ein Chardonnay oder ein junger Chablis.

Variation

Sie können den Spargel auch sehr gut in American Sandwich einrollen.

weinschaum-
toast

Zubereitungszeit: 10–15 Min.
(plus 8 Min. Backzeit)
Für 4 Stück

1 Die Eier trennen und das Eiweiß steif schlagen. Das Eigelb mit dem Roséwein und dem Zitronensaft schaumig schlagen.

2 Die Eigelbmasse mit Salz, Pfeffer, Cayennepfeffer und Muskat kräftig würzen.

3 Den Emmentaler unter das Eigelb mischen und das Eiweiß darunter heben.

4 Den Backofen auf 200 °C (Umluft 180 °C; Gas Stufe 3) vorheizen. Die Butter Toast Scheiben toasten, dünn mit Butter bestreichen und die Ei-Käse-Masse gleichmäßig darauf verteilen.

5 Die Toastbrote im Backofen 6 bis 8 Minuten goldgelb überbacken. Inzwischen die Chilischoten putzen, waschen und in Ringe schneiden. Die Toasts am Ende der Backzeit aus dem Ofen nehmen und mit den Chiliringen und je 1 Prise Cayennepfeffer garnieren.

Variation

Anstelle der Butter Toasts können Sie auch Weißbrot verwenden.

Zutaten
2 kleine Eier
3–4 EL Roséwein
einige Tropfen Zitronensaft
Salz
frisch gemahlener Pfeffer
1 Prise Cayennepfeffer
1 Prise Muskat
150 g geriebener Emmentaler
4 Scheiben Butter Toast
1–2 EL Butter
2 rote Chilischoten
etwas Cayennepfeffer zum Garnieren

TIPP

Wenn Ihr Backofen einen Flächengrill besitzt, sollten Sie diesen zum Überbacken einschalten. Auch ein elektrisches Grillgerät ist gut geeignet. Bitte denken Sie daran, dass sich die Backzeiten bei Verwendung solcher Geräte stark verkürzen können. Die richtige Backzeit muss individuell ermittelt werden.

sandwich toast „savoir vivre“

Zubereitungszeit: ca. 10 Min.
Für 8 Stück

Zutaten
200 g frische Himbeeren
1 Päckchen Vanillezucker
2–3 EL Crème fraîche
1 TL Orangenlikör
3 EL gemahlene Mandeln
2 EL gemahlene Haselnüsse
8 Scheiben Butter Toast
20 g Butter

1 Die Himbeeren verlesen und 50 g als Dekoration zurückbehalten. Die restlichen Himbeeren in eine Schüssel geben und mit dem elektrischen Mixstab nicht zu fein pürieren. Den Vanillezucker, die Crème fraîche und den Orangenlikör darunter mischen.

2 Die Himbeermasse mit den Mandeln und den Haselnüssen binden.

3 Die Butter Toast Scheiben mit Butter bestreichen, die Himbeermasse gleichmäßig darauf verteilen. Je 2 Butter Toast Scheiben zusammenklappen, im Sandwich-Toaster 2 bis 3 Minuten toasten und diagonal halbieren.

Variation
Aromatisieren Sie das Fruchtmark mit Himbeergeist.
Servieren Sie diese Sandwich-Toasts zur Abwechslung auch einmal mit einer Kugel Vanilleeis oder einem Löffel Mousse au Chocolat.

TIPP

Bei allen Fruchtpürees sollten Sie darauf achten, dass die Masse nicht zu flüssig wird, da sonst der Sandwich-Toast unnötig feucht wird und leicht durchweicht. Als Bindemittel verwenden Sie am besten Hafer- oder Weizenflocken, aber auch Cornflakes, Semmelbrösel oder gemahlene Nüsse.

Tomatensuppe mit pestoinsel

Zubereitungszeit: ca. 25 Min.
Für 4 Personen

1 Die Zwiebel und den Knoblauch schälen und fein hacken. Das Öl in einem Topf erhitzen und die Zwiebeln mit dem Knoblauch darin andünsten.

2 Mit den Tomaten samt Saft ablöschen und die Brühe dazugießen. Das Ganze zum Kochen bringen und etwa 15 Minuten bei schwacher Hitze köcheln lassen.

3 Die Suppe mit einem Pürierstab zu einer homogenen Masse pürieren. Die Sahne einrühren und das Ganze mit Salz und Pfeffer abschmecken.

4 Das Basilikum waschen und trockentupfen. Die Spitzen der Zweige abkneifen und beiseite legen. Die übrigen Blätter von den Stielen zupfen und in feine Streifen schneiden.

5 Die vorgeteilten Toasties trennen und im Toaster goldbraun toasten. Auf der aufgeschnittenen Seite mit je 1 Esslöffel Pesto bestreichen.

6 Die Tomatensuppe in tiefe Suppenteller geben und mit den Basilikumstreifen bestreuen. Die Toasties in die Mitte der Suppe setzen und mit je einer Basilikumspitze garnieren.

Variation

Anstelle der Toasties können Sie auch Croûtons aus Weizen Toast zubereiten. Dafür entrinden Sie 2 Scheiben Toast, erhitzen etwas Butter oder Olivenöl in einer Pfanne und rösten die Toasts mit fein gehacktem Knoblauch im Fett.

TIPP

Pesto gibt es im Glas oder offen auf vielen Wochenmärkten oder in Feinkostgeschäften. Sie können diese Genueser Spezialität aber auch selbst herstellen, indem Sie Basilikum, Knoblauch und Pinienkerne mit Olivenöl im Mixer zu einer dünnen Paste verarbeiten und geriebenen Parmesan darunter rühren, bis die Paste die gewünschte feste Konsistenz aufweist.

Zutaten

1 Zwiebel
1 Knochlauchzehe
1 EL Olivenöl
1 Dose geschälte Tomaten
(800 g Abfüllgewicht)
100 ml Gemüsebrühe
50 g süße Sahne
etwas Salz
schwarzer Pfeffer aus der Mühle
4 Zweige Basilikum
2 Weizen Toasties
4 EL Basilikumpesto
(Fertigprodukt)

ricotta-tramezzini

Zubereitungszeit: ca. 30 Min.

Für 8 Stück

Zutaten

200 g Möhren
35 g Walnusskerne
100 g Ricotta
2 EL Zitronensaft
etwas Zucker
einige Blätter Feldsalat
200 g Camembert mit grünem Pfeffer
8 Scheiben Weißbrot

1 Die Möhren schälen und grob raspeln. Die Nüsse hacken und mit den Möhren vermischen. Ricotta, Zitronensaft und Zucker verrühren.

2 Den Feldsalat verlesen, waschen und gut abtropfen lassen. Den Camembert in Scheiben schneiden. Die Weißbrotscheiben toasten.

3 Vier Weißbrotscheiben mit etwas Ricottacreme bestreichen. Den Feldsalat, die Camembertscheiben und die Möhren-Nuss-Mischung darauf verteilen. Die restliche Ricottacreme darüber geben. Das Ganze mit den übrigen Weißbrotscheiben bedecken und die Tramezzini diagonal durchschneiden.

TIPP

Ricotta ist ein italienischer Frischkäse, der vor allem bei der Herstellung von Hart- und Schnittkäse als Nebenprodukt entsteht. Er wird aus der Molke, also der vom Käsebruch abgeschiedenen Flüssigkeit, durch Erhitzen gewonnen. Die Molke kann von Schafs- oder Kuhmilch stammen. Ricotta hat einen sehr milden, süßlichen Geschmack und enthält je nach Milchsorte 20 bis 77% F. i. Tr. Er ist nur begrenzt haltbar und muss kühl gelagert werden. Verwendet wird Ricotta zum Beispiel als Füllung für Ravioli und Cannelloni.

Variation

Anstelle von Weißbrot können Sie die Ricottacreme auch auf getoastete Vollkorn oder Weizen Toast Scheiben geben. Für einen Empfang in lockerer Atmosphäre sollten Sie die Tramezzini zweimal diagonal durchschneiden. Je kleiner die Happen, desto größer der Appetit.

Trauben mit crostini-spießen

Zubereitungszeit: ca. 30 Min.

Für 4 Personen

Zutaten
4 Baguette Brötchen
50 g Kräuterbutter
4 mittelgroße Tomaten
200 g Schafskäse
je 220 g helle und blaue Weintrauben
2 EL Zucker
150 ml Apfelsaft
8 Walnusshälften
einige Majoranblättchen
zum Garnieren

1 Die Baguette Brötchen in 16 Scheiben schneiden. Diese mit Kräuterbutter bestreichen und je 4 schräg auf Spieße stecken.

2 Die Tomaten waschen und vierteln, entkernen und das Fruchtfleisch in kleine Würfel schneiden. Den Schafskäse ebenfalls würfeln. Beides abwechselnd auf die Baguettescheiben legen. Den Backofen auf 200 °C (Umluft 180 °C; Gas Stufe 3) vorheizen.

3 Die Weintrauben waschen, halbieren und entkernen. Den Zucker in einer Pfanne goldbraun schmelzen, mit dem Apfelsaft ablöschen und loskochen. Die Weintrauben darin schwenken.

4 Die Crostinispieße bei eingeschaltetem Flächengrill im heißen Ofen auf oberster Schiene 2 Minuten überbacken. Die Weintrauben zusammen mit den Spießen anrichten und mit den Walnüssen und Majoranblättchen garnieren.

Variation

Anstelle der Baguette Brötchen können Sie auch Baguette – eines oder zwei, je nach Länge – in Scheiben geschnitten auf die Spieße stecken.

TIPP

Weintrauben und Walnüsse sind eine wunderbare herbstliche Kombination. Bereits geschälte Walnusskerne sollte man gut verpackt im Kühlschrank aufbewahren, da sie leicht verderblich sind. Durch ihr empfindliches Öl werden Sie unter dem Einfluss von Licht, Luft, Wärme und Feuchtigkeit rasch ranzig und verlieren ihr Aroma.

sandwich mit olivenpesto und feta

Zubereitungszeit: ca. 20 Min.
Für 8 Stück

1 Für das Pesto die schwarzen Oliven entsteinen. Beide Olivensorten fein hacken und in eine kleine Schüssel geben.

2 Die Knoblauchzehe schälen, durch eine Knoblauchpresse drücken, zu den Oliven geben und alles mit dem elektrischen Mixstab nicht zu fein pürieren. Das Olivenöl unter die Oliven-Knoblauch-Mischung rühren und das Ganze mit Pfeffer würzen.

3 Den Käse in dünne Scheiben schneiden. Die Zwiebeln schälen und in feine Ringe schneiden. Die Salatblätter waschen und mit Küchenkrepp trockentupfen.

4 Die Weißbrotscheiben rösten und diagonal halbieren. Je eine Hälfte mit einigen Salatblättern belegen. Die Käsescheiben und die Zwiebelringe auf die Salatblätter geben und das Ganze mit dem Olivenpesto bestreichen. Zum Schluss jeden Toast mit der zweiten Toasthälfte bedecken.

Variation

Anstelle von Weißbrot können Sie auch Weizen Toast Scheiben verwenden. Als Fingerfood für eine Party lässt sich das Olivenpesto auch gut auf Baguette Scheiben streichen – mit einer halben Olive verziert, ein beliebter Appetithappen.

TIPP

Feta gibt es in sehr unterschiedlichen Qualitätsstufen. So mancher Feta ist aus Kuhmilch. Wenn Sie aber genau auf die Packung schauen, steht dort nicht „Feta“ sondern „nach Feta-Art“. Dieser Käse ist meist ziemlich neutral im Geschmack und in der Konsistenz etwas gummiartig. Achten Sie daher beim Kauf darauf, dass der Feta aus Schafs- oder Ziegenmilch hergestellt ist. Dieser Käse schmeckt würziger und hat einen leichten Schmelz. Wenn Sie einen türkischen Lebensmittelhändler in Ihrer Nähe haben, kaufen Sie dort ein – er berät Sie meistens gern und gut.

Zutaten

50 g schwarze Oliven
140 g grüne, mit Paprikapaste gefüllte Oliven
1 Knoblauchzehe
2 EL kaltgepresstes Olivenöl
schwarzer Pfeffer aus der Mühle
300 g Feta
2 kleine rote Zwiebeln
einige Blätter Eichblattsalat
8 Scheiben Weißbrot

Toast „toscana“

Zubereitungszeit: ca. 20 Min.
Für 16 Stück

Zutaten
50 g geschälte Mandeln
75 g entsteinte grüne Oliven
1 Knoblauchzehe
50 ml Olivenöl
50 ml trockener Sherry
Salz
Paprikapulver, edelsüß
2 Baguettes

1 Die Mandeln grob hacken und in einer beschichteten Pfanne ohne Fettzugabe hellbraun rösten.

2 Die Mandeln mit den Oliven sehr fein hacken (am besten in einer Küchenmaschine). Den Knoblauch schälen, durchpressen und dazugeben. Den Backofen auf 200 °C (Umluft 180 °C; Gas Stufe 3) vorheizen.

3 Die Mandel-Oliven-Mischung mit dem Olivenöl und dem Sherry in eine Schüssel geben und zu einer nicht zu dicken Paste verrühren. Die Paste mit Salz und Paprikapulver würzen.

4 Die Baguettes etwa 8 Minuten im heißen Ofen auf mittlerer Schiene aufbacken. Noch heiß in etwa 2 cm dicke Scheiben schneiden. Die Baguette-Scheiben mit der Mandel-Oliven-Paste bestreichen und servieren.

Variation
Die Oliven-Mandel-Paste passt auch gut zu Weizen Toasties. Diese toasten Sie im Toaster und streichen die Paste auf die aufgeschnittenen Seiten.

TIPP

In ein sauberes Glas gefüllt, mit etwas Olivenöl bedeckt und fest verschlossen, hält sich die Oliven-Mandel-Paste im Kühlschrank etwa 4 Wochen.

panini di parma

Zubereitungszeit: ca. 20 Min.
Für 4 Stück

1 Den Doppelrahmfrischkäse zusammen mit der sauren Sahne cremig rühren. Die Meerrettichwurzel schälen und fein reiben oder 2 Esslöffel geriebenen Meerrettich aus dem Glas verwenden. Den fein geriebenen Meerrettich unter die Käsecreme rühren. Den Backofen auf 220 °C (Umluft 200 °C; Gas Stufe 4) vorheizen.

2 Die Salatblätter waschen, trockenschleudern und portionieren. Die Ciabatta Brötchen auf der mittleren Schiene 12 bis 14 Minuten aufbacken.

3 Die Ciabatta Brötchen aufschneiden und die unteren Hälften mit der Meerrettichcreme großzügig bestreichen. Dann die Schinkenscheiben darauf verteilen und mit den Salatblättern bedecken. Die oberen Brötchenhälften aufsetzen und etwas andrücken.

Variation

Anstelle von Parmaschinken können Sie auch geräucherten Lachs oder Forellenfilets verwenden. Beide Fische findet man in den Flüssen Oberitaliens.

TIPP

Parmaschinken stammt aus der norditalienischen Region Emilia-Romagna. Das Ausgangsprodukt für den Schinken liefert eine nur hier gezüchtete Schweinerasse. Das Fleisch wird sorgsam 2 Monate lang regelmäßig gesalzen, gewaschen und gewendet. Der Schinken reift nach dem Waschen und Trocknen in der Luft, draußen an der Sonne. Etwa ein Jahr braucht er bis zum optimalen Reifestadium. Hauchdünn geschnitten entfaltet er seinen vollen, würzigen Geschmack.

Zutaten
100 g Doppelrahmfrischkäse
100 g saure Sahne
2 EL frisch geriebener Meerrettich oder Meerrettich aus dem Glas
einige Salatblätter
4 Ciabatta Brötchen
8 Scheiben Parmaschinken

ciabatta „lombarda“

Zubereitungszeit: 30 Min.
(plus 15 Min. Backzeit)
Für 8 Stück

Zutaten
200 g Möhren
1 Knolle Fenchel
1 EL Olivenöl
100 g Gorgonzola
1 EL Speisestärke
3 EL Weißwein, z.B. Soave
etwas Salz
schwarzer Pfeffer aus der Mühle
4 Ciabatta Brötchen
8 dünne Scheiben Coppa oder Pancetta
35 g frisch geriebener Parmesan

1 Die Möhren putzen, waschen, schälen und mit einem Bundmesser in Scheiben schneiden. Den Fenchel waschen und putzen und in feine Spalten schneiden. Das Fenchelgrün fein hacken und beiseite stellen.

2 Das Öl in einer beschichteten Pfanne erhitzen und das Gemüse darin zugedeckt etwa 5 Minuten dünsten. Den Gorgonzola in kleine Würfel schneiden und unter das Gemüse mengen. Den Backofen auf 200 °C (Umluft 180 °C; Gas Stufe 3) vorheizen.

3 Die Speisestärke mit dem Wein verrühren und das Gemüse damit binden. Das Ganze mit Salz und Pfeffer abschmecken.

4 Die Ciabatta Brötchen längs aufschneiden. Auf jede Ciabattahälfte 1 Scheibe Coppa oder Pancetta legen, die Gemüse-Gorgonzola-Mischung darauf verteilen und das Ganze mit Parmesan bestreuen.

5 Die Ciabattahälften auf ein Blech setzen und auf der mittleren Schiene etwa 15 Minuten backen. Vor dem Servieren mit dem Fenchelgrün garnieren.

Variation

Anstelle von Möhre und Fenchel können Sie auch 200 g Zucchini und 200 g Tomaten verwenden. Die Zucchini dünsten Sie ebenfalls. Die Tomaten enthäuten Sie und verwenden nur das Fruchtfleisch, das Sie in Würfel geschnitten zum Schluss unter die Zucchini-Gorgonzola-Mischung heben.

TIPP

Wenn Sie das Gemüse ungern mit Speisestärke binden, können Sie auch hellen Saucenbinder einstreuen. Dann brauchen Sie etwa die doppelte Menge.

gondola veneziana

Zubereitungszeit: ca. 20 Min.
(plus ca. 18 Min. Backzeit)
Für 4 Stück

Zutaten
2 Zwiebeln
1 Knoblauchzehe
400 g Champignons
20 g Butter
1 EL Olivenöl
Salz und Pfeffer
100 g Schmand
80 g frisch geriebener Parmesan
4 EL Marsala
2 Baguettes

1 Die Zwiebeln und den Knoblauch schälen und fein hacken. Die Champignons putzen, mit einem Küchenpapier abreiben, aber nicht waschen, dann blättrig schneiden.

2 Die Butter zusammen mit dem Öl in einer beschichteten Pfanne erhitzen und die Zwiebeln mit dem Knoblauch glasig dünsten. Dann die Champignons hinzufügen, salzen und pfeffern und bei reduzierter Hitze einige Minuten braten.

3 Den Backofen auf 200 °C (Umluft 180 °C; Gas Stufe 3) vorheizen. Den Schmand und etwa die Hälfte des Parmesans unter die Pilze mengen. Mit Marsala, Salz und Pfeffer abschmecken.

4 Die Baguettes längs aufschneiden. Die aufgeschnittenen Seiten mit der Pilzmasse bestreichen und mit dem restlichen Parmesan bestreuen.

5 Die Baguettehälften auf ein Blech setzen und auf mittlerer Schiene etwa 18 Minuten backen.

Variation
Natürlich können Sie die Pilzmasse auch auf die Hälften von 4 Baguette Brötchen verteilen.

TIPP

Marsala ist ein Dessertwein aus Sizilien. Er kann aber ohne weiteres in diesem Rezept durch spanischen Sherry oder portugiesischen Portwein ersetzt werden.

pizza-baguette

Zubereitungszeit: ca. 30 Min.
(plus ca. 18 Min. Backzeit)
Für 4 Stück

Zutaten
1 Zwiebel
1 Knoblauchzehe
1 EL Olivenöl
1 kleine Dose geschälte Tomaten
(400 g Nettogewicht)
1 EL Pizzagewürz
etwas Salz
schwarzer Pfeffer aus der Mühle
1 Msp. Paprika, edelsüß
1 EL Tomatenmark
1 Dose Thunfisch (150 g Nettogewicht)
150 g Mais aus der Dose
200 g Mozzarella
2 Baguettes
20 g frisch geriebener Parmesan

1 Die Zwiebel und den Knoblauch schälen und fein hacken. Das Öl in einem kleinen Topf erhitzen und die Zwiebel mit dem Knoblauch darin glasig dünsten.

2 Die Tomaten in mundgerechte Stücke schneiden und mit dem Saft hinzufügen. Das Ganze mit Pizzagewürz, Salz, Pfeffer, Paprika und Tomatenmark würzen und bei reduzierter Hitze auf die Hälfte einkochen lassen. Den Backofen auf 200 °C (Umluft 180 °C; Gas Stufe 3) vorheizen.

3 Inzwischen den Thunfisch in ein Sieb geben und gut abtropfen lassen. Das Fleisch mit einer Gabel zerpflücken. Die Maiskörner ebenfalls in ein Sieb geben und abtropfen lassen. Den Mozzarella in Scheiben schneiden.

4 Die Baguettes längs aufschneiden und die Schnittseiten mit der Tomatensauce bestreichen. Mit Thunfisch und Mais gleichmäßig belegen. Nach Geschmack mit etwas Pizzagewürz bestreuen.

5 Die Mozzarellascheiben auf den Belag geben und alles mit dem Parmesan bestreuen. Die Baguettehälften auf ein Blech setzen und auf mittlerer Schiene etwa 18 Minuten backen.

TIPP

Wenn Gäste kommen, können Sie schon alles vorbereiten. Die Baguettes sollten Sie jedoch erst kurz vor dem Backen bestreichen und belegen, sonst nässt das Brot durch und bleibt beim Backen matschig.

Variation

Natürlich können Sie den Pizzabelag auch auf die Hälften von 4 Baguette Brötchen oder von 8 Weizen Toasties verteilen.

orangenbrot mit mandeln

Zubereitungszeit: ca. 15 Min.
(plus 20–30 Min. Backzeit)
Für 2 Personen

1 Die Eier mit 3 Esslöffeln Zucker, einer Prise Salz, dem Saft und der abgeriebenen Schale von einer Orange in eine Schüssel geben. Die Vanilleschote längs aufschlitzen und das Mark herauskratzen. Das Vanillemark zu den übrigen Zutaten geben und alles gut verrühren. Den Backofen auf 200 °C (Umluft 180 °C; Gas Stufe 3) vorheizen.

2 Die zweite Orange ebenfalls auspressen. Den Saft mit dem restlichen Zucker in einem kleinen Topf bei reduzierter Hitze zu Orangensirup einkochen lassen.

3 Die Weißbrotscheiben in die Eimischung legen und einige Minuten darin durchziehen lassen.

4 Eine kleine feuerfeste Form mit Butter ausfetten. Die Brotscheiben hineinlegen und mit den Mandelblättchen bestreuen. Auf der mittleren Schiene 20 bis 30 Minuten goldbraun backen. Mit dem Orangensirup servieren.

Variation

Anstelle von Weißbrot können Sie dieses Gratin auch mit Weizen Toast zubereiten. Die Rezeptmenge können Sie problemlos variieren. Die Backzeit ändert sich dadurch nicht.

TIPP

Die Orange, bei uns häufig auch Apfelsine genannt, ist die Frucht des Orangenbaumes, der ursprünglich aus China stammt und dort schon vor mehr als 4000 Jahren kultiviert wurde. Durch die Araber gelangte die Orange im 15. Jahrhundert über Persien und Ägypten nach Nordafrika und Europa. Bekannt sind bei uns auch sizilianische Blutorangen. Ihr saftiges, sehr aromatisches Fruchtfleisch ist rot oder rotorange mit leuchtend roten Adern.

Zutaten

2 Eier
5 EL Zucker
Salz
2 unbehandelte Orangen
1 Vanilleschote
4 Scheiben Weißbrot
1 EL Butter
4 EL Mandelblättchen

hotdog

Zubereitungszeit: ca. 15 Min.
Für 4 Stück

1 Die Würstchen in einen Topf mit Wasser geben und das Ganze erwärmen, aber nicht kochen lassen, sonst platzen die Würstchen.

2 Inzwischen die Essiggurken in dünne Scheiben schneiden. Die American Hotdogs kurz im Backofen vorwärmen, dann längs einschneiden, aber nicht durchschneiden.

3 Die heißen Würstchen in die Brötchenspalten legen und mit Tomatenketchup, Mayonnaise und Senf bestreichen. Die Gurkenscheiben seitlich anlegen, mit Röstzwiebeln bestreuen.

4 Die Brötchen etwas zusammendrücken, eventuell mit einer Papierserviette etwas einwickeln und heiß servieren.

TIPP Falls Sie regelmäßig Hotdogs genießen, können Sie anstelle des Ketchups, Senfs und der Mayonnaise auch fertige Hot-Dog-Sauce verwenden.

Zutaten
4 Frankfurter oder Wiener Würstchen (à 50 g)
2 große Essiggurken
4 American Hotdogs
4 EL Tomatenketchup
4 TL Mayonnaise
4 TL mittelscharfer Senf
4 EL Röstzwiebeln

cheese-burger

Zubereitungszeit: ca. 20 Min.
Für 4 Stück

1 Das Hackfleisch mit Salz, Pfeffer und Paprika würzen und zu 4 flachen Fleischfladen formen.

2 Die Salatblätter waschen und trockenschleudern. Die Gurke waschen und in dünne Scheiben schneiden. Die Tomate waschen, vom Stielansatz befreien und 4 dünne Scheiben aus der Frucht schneiden. Den Rest anderweitig verwenden. Von der Gemüsezwiebel einige dünne Ringe schneiden.

3 Die American Hamburger längs aufschneiden und kurz im Ofen erwärmen. Inzwischen das Öl in einer beschichteten Pfanne erhitzen und die Fleischplätzchen von beiden Seiten braun braten. Kurz vor Ende der Bratzeit auf jeden Fleischfladen eine Scheibe Cheddar geben. Die Pfanne zudecken und das Ganze weiterbraten, bis der Käse geschmolzen ist.

4 Die Unterseite der American Hamburger mit etwas Hamburgersauce bestreichen. Je ein Salatblatt darauf legen. Die Fleischfladen darauf setzen und die restliche Hamburgersauce darüber verteilen. Das Ganze mit Gurken-, Tomatenscheibe und Zwiebelringen garnieren.

5 Den Cheeseburger mit der oberen Hälfte der American Hamburger abdecken und sofort servieren.

Variation

Anstelle der American Hamburger können Sie auch Mehrkorn Toasties verwenden.

Zutaten
200 g Rinderhackfleisch
etwas Salz
schwarzer Pfeffer aus der Mühle
1 Msp. Paprikapulver, edelsüß
4 Blätter Kopfsalat
100 g Salatgurke
1 Tomate
$^1/_2$ Gemüsezwiebel
4 American Hamburger
2 EL Sojaöl
4 Scheiben Cheddar-Scheibletten
8 EL Hamburgersauce

TIPP
Dieses Grundrezept lässt sich vielfach variieren, z. B. mit Schweinehackfleisch und Grillsauce oder mit Fischstäbchen und Remouladensauce. Auch beim Garnieren sind Ihrer Fantasie keine Grenzen gesetzt.

pub burger

Zubereitungszeit: ca. 20 Min.
(plus ca. 1 Tag Marinierzeit)
Für 4 Stück

1 Die Schweineschnitzel waschen, trockentupfen und je nach Dicke etwas flach klopfen. Die Knoblauchzehe schälen und fein hacken. Den Thymian waschen und trockenschütteln. Die Thymianblättchen von den Stängeln zupfen.

2 Den Knoblauch mit dem Thymian und 1 Esslöffel Öl in einen Mörser geben, zu einer Paste zerreiben. Etwas Pfeffer unterrühren und die Schweineschnitzel mit der Marinade bestreichen. Das Ganze zugedeckt für 1 Tag in den Kühlschrank stellen und marinieren lassen.

3 Am nächsten Tag die Crème fraîche mit dem Tomatenmark und dem Tomatenketchup glatt rühren. Die Sauce mit Salz, Pfeffer, Paprika und Zucker abschmecken.

4 Den Eisbergsalat waschen, trockenschleudern und die Mittelrippe herausschneiden. Die Fleischtomate waschen, den Stielansatz herausschneiden und 4 Scheiben abschneiden. Die Paprikaschote waschen und in 8 dünne Ringe schneiden, die Kerne und die weißen Trennwände herausschneiden.

5 Das restliche Öl in einer beschichteten Pfanne erhitzen, die Schweineschnitzel hinzugeben, salzen und von beiden Seiten braten. Parallel dazu die American Mega-Burger im Backofen kurz erwärmen.

6 Die American Mega-Burger längs aufschneiden. Die Innenseiten mit etwas Sauce bestreichen. Je ein Eisbergsalatblatt und darauf ein Schweineschnitzel auf die unteren Hälften legen. Das Ganze mit den Paprikaringen und Tomatenscheiben belegen und mit der restlichen Sauce bestreichen. Anschließend mit der oberen Hälfte der American Mega-Burger abdecken und sofort servieren.

TIPP

Wenn Sie die Pub Burger ausschließlich für Erwachsene zubereiten, können Sie die Sauce mit 1 TL Bourbon-Whiskey abschmecken.
Wer ein richtiger Südstaatler werden will, sollte auf jeden Fall etwas Tabasco über die Burger geben, denn in Louisiana gehört diese scharfe Pfeffersauce zu den Tischgewürzen.

Zutaten
4 dünn geschnittene Schweineschnitzel (à 100 g)
1 Knoblauchzehe
3–4 Zweige Thymian
3 EL Sonnenblumenöl
schwarzer Pfeffer aus der Mühle
6 EL Crème fraîche
1 EL Tomatenmark
2 EL Tomatenketchup
etwas Salz
1 Msp. Paprikapulver, edelsüß
1 Prise Zucker
4 Blätter Eisbergsalat
1 Fleischtomate
1 grüne Paprikaschote
4 American Mega-Burger

burger „hollywood“

Zubereitungszeit: ca. 20 Min.
(plus ca. 1 Std. Marinierzeit)
Für 4 Stück

Zutaten
4 dünn geschnittene Putenfilets (à 80 g)
4 TL Sambal Oelek
100 g Rucola
½ rote Paprikaschote
100 g Joghurt
1 EL Tomatenketchup
etwas Salz
schwarzer Pfeffer aus der Mühle
2 EL Sojaöl
4 American Hamburger

1 Die Putenfilets waschen, trockentupfen und je nach Dicke etwas flach klopfen. Dann dünn mit Sambal Oelek bestreichen und mindestens 1 Stunde zugedeckt im Kühlschrank durchziehen lassen.

2 Inzwischen den Rucola waschen, verlesen und trockenschleudern. Die Paprika waschen, putzen und in etwa 3 cm lange, feine Streifen schneiden.

3 Den Joghurt mit dem Tomatenketchup glatt rühren. Die Sauce mit Salz und Pfeffer abschmecken.

4 Das Öl in einer beschichteten Pfanne erhitzen, die Putenfilets hinzugeben, von beiden Seiten braten, salzen und pfeffern. Parallel dazu die American Hamburger im Backofen kurz erwärmen.

5 Die American Hamburger längs aufschneiden. Etwas Rucola auf die untere Hälfte legen und mit dem Putenfilet belegen. Die Paprikastreifen und den restlichen Rucola auf dem Fleisch verteilen und alles mit der restlichen Sauce begießen. Zuletzt mit der oberen Hälfte der American Hamburger abdecken und sofort servieren.

Variation
Anstelle der American Hamburger können Sie auch Mehrkorn Toasties verwenden.

TIPP Sambal Oelek ist eine extrem scharfe Würzsauce und sollte sehr vorsichtig verwendet werden. Wenn Sie noch keine Erfahrung damit haben, verwenden Sie am besten nur die halbe Menge. Falls es für Sie aber gar nicht scharf genug sein kann, geben Sie noch eine entkernte, fein geschnittene Chilischote in die Joghurtsauce.

roastbeef-toast

Zubereitungszeit: ca. 10 Min.

Für 4 Stück

Zutaten
4 Scheiben Weizen Toast
4 EL Remouladensauce
8 Scheiben Roastbeef
2 Tomaten
1 Zwiebel
einige Radieschen
2 hart gekochte Eier
1 Bund Schnittlauch

1 Die Weizen Toasts toasten und mit der Remouladensauce bestreichen.

2 Das Roastbeef dekorativ auf den Weizen Toasts anrichten.

3 Die Tomaten halbieren, vom Stielansatz befreien und in Scheiben schneiden. Die Zwiebel schälen und ebenfalls in Scheiben schneiden.

4 Die Radieschen putzen, waschen und blättrig schneiden. Die Eier schälen und in Scheiben schneiden. Tomatenscheiben-, Zwiebelringe und Ei-Scheiben dekorativ auf dem Roastbeef anrichten.

5 Den Schnittlauch waschen und trockenschütteln, anschließend in feine Röllchen schneiden. Zuletzt die Roastbeeftoasts mit den Schnittlauchröllchen bestreuen.

Variation

Anstelle von Weizen Toast können Sie auch mal Vollkorn Toast verwenden. Dadurch wird der Snack etwas kräftiger im Geschmack.

TIPP

Anstelle von Roastbeef können Sie auch geräucherte Putenbrust verwenden. Außerdem eignet sich das Rezept gut zur Resteverwertung. Probieren Sie es aus, wenn Sie Reste von gebratenem Fleisch – Schweine- oder Rinderbraten, Bœuf à la mode usw. – übrig haben.

boston-mafia-sandwich

Zubereitungszeit: ca. 15 Min.
Für 8 Stück

Zutaten
150 g geräucherter Lachs
1 EL Kapern
2 EL Zitronensaft
8 EL Crème fraîche
3 EL fein gehackter Dill
etwas Salz
schwarzer Pfeffer aus der Mühle
8 Scheiben American Sandwich
3 EL Ketakaviar
2 Cocktailtomaten
8 Dillspitzen

1 Etwa 50 g von dem Lachs in ganz feine Würfel schneiden. Die Kapern im Mörser zerdrücken, in eine Schüssel geben und mit dem Zitronensaft, der Crème fraîche, den Lachswürfeln und dem Dill vermengen. Das Ganze mit Salz und Pfeffer würzen.

2 Nun 4 Scheiben American Sandwich dünn mit der Lachscreme bestreichen. Den restlichen Lachs in Scheiben darauf verteilen. Die restliche Lachscreme bis auf eine kleine Menge zum Garnieren auf die Lachsscheiben streichen. 2 Esslöffel Ketakaviar auf die Lachscreme geben und alles mit den restlichen American Sandwich Scheiben abdecken. Die Sandwiches in der Mitte durchschneiden.

3 Die Cocktailtomaten waschen, vierteln und die Stielansätze entfernen. Die restliche Lachscreme in einen Spritzbeutel mit Sterntülle geben und auf die Oberseite der Sandwiches eine kleine Rosette spritzen. An diese je ein Viertel der Cocktailtomaten legen und mit einer Dillspitze und dem übrigen Ketakaviar garnieren.

Variation

Anstelle der American Sandwiches können Sie auch Weißbrot verwenden. Sie können diese Creme auch zwischen getoastete Scheiben Weizen Toast oder Vollkorn Toast geben.

TIPP

Anstelle des orangefarbenen Ketakaviars können Sie natürlich auch echten Kaviar – egal ob Sevrjuga, Osjostr oder Beluga, es ist nur eine Frage Ihres Geldbeutels – oder auch preiswerten Kaviarersatz verwenden.

sweet chicken sandwich

Zubereitungszeit: ca. 20 Min.
Für 4 Personen

1 Die Vollkorn Toasts entrinden. Die Scheiben einzeln zwischen zwei Blätter Haushaltsfolie legen und mit dem Nudelholz so dünn wie möglich ausrollen.

2 Das Hähnchenbrustfilet häuten und schräg zur Faser in dünne Scheiben schneiden.

3 Die Mangos schälen. Dazu die Haut längs zur Frucht mit einem spitzen Messer einritzen und in Streifen abziehen. Das Fruchtfleisch in schmalen Spalten vom Kern abschneiden.

4 Den Roquefort mit einer Gabel sehr fein zerdrücken und mit Crème fraîche und Mayonnaise zu einer glatten Creme verrühren. Mit Salz und Pfeffer pikant abschmecken.

5 Die Vollkorn Toasts mit der Käsecreme bestreichen. Zwei Scheiben erst mit Mangospalten, dann mit Fleisch belegen und mit den Pistazien bestreuen. Die beiden anderen Vollkorn Toasts jeweils mit der bestrichenen Seite nach unten darauf legen und leicht andrücken.

6 Die Sandwiches diagonal halbieren. Jede Hälfte mit einer Mayonnaisenrosette und einer zusammengerollten Scheibe Bündner Fleisch garnieren.

TIPP

Zum Halbieren belegter Toasts verwenden Sie am besten ein Elektromesser. Denn dank der gegenläufig arbeitenden Klingen werden Brotscheiben und Belag beim Schneiden nicht gegeneinander verschoben, und wegen des Wellschliffs brauchen Sie beim Schneiden weniger Druck als bei einem normalen Küchenmesser.

Zutaten
8 Scheiben Vollkorn Toast
2 gegrillte Hähnchenbrustfilets à 125 g
(fertig zubereitet gekauft)
2 reife Mangos
10 g Roquefort
10 g Crème fraîche
2 EL Mayonnaise
Salz
schwarzer Pfeffer aus der Mühle
2 EL gehackte Pistazien
Mayonnaise aus der Tube zum Garnieren
8 hauchdünne Scheiben Bündner Fleisch

schinken-taschen „detroit"

Zubereitungszeit: ca. 10 Min.
Für 4 Personen

Zutaten
1 kleine Staude Eichblattsalat
8 Scheiben Weizen Toast
3–4 EL Remouladensauce
2 kleine Zwiebeln
2 Essiggurken
1 Bund Schnittlauch
je 4 Scheiben gekochter und roher Schinken
3–4 EL Curryketchup
4 Scheibletten

1 Den Eichblattsalat in ganze Blättchen zerpflücken, waschen und trockenschleudern. Die Weizen Toast Scheiben mit der Remouladensauce bestreichen.

2 Die Zwiebeln schälen und in feine Würfel schneiden. Die Essiggurken hacken. Den Schnittlauch waschen, trockenschütteln und in Röllchen schneiden.

3 Zwiebelwürfel, Essiggurkenstückchen und Schnittlauchröllchen vermengen. Diese Mischung gleichmäßig auf die Remouladensauce verteilen und mit dem Schinken belegen. Alles mit dem Curryketchup bestreichen und mit den Scheibletten bedecken.

4 Die restlichen Weizen Toasts auf die belegten Toastscheiben legen. Die Schinkentaschen im Sandwich-Toaster 3 bis 4 Minuten toasten, diagonal halbieren.

5 Die fertig getoasteten Schinkentaschen auf den Salatblättern anrichten.

Variation
Anstelle von Weizen Toast können Sie auch Vollkorn Toast verwenden. Dies gibt den Schinkentaschen nicht nur ein rustikaleres Aussehen, sondern auch einen würzigen Geschmack.

TIPP

Mit einer Scheibe Tomate oder Paprikawürfeln gefüllt, ist diese Tasche ebenfalls eine willkommene Abwechselung. Anstelle von Schinken können Sie auch Cervelatwurst, Blockwurst oder andere Räucherwurst verwenden.

Farmer-sandwich

Zubereitungszeit: ca. 20 Min.
Für 4 Stück

1 Die gebackenen Bohnen mit der Tomatensauce in einem kleinen Topf erwärmen.

2 Die Butter in einer beschichteten Pfanne erhitzen. Den Schinkenspeck in 2 Portionen darin anbraten und warm stellen.

3 Danach die Eier aufschlagen und einzeln in die Pfanne gleiten lassen. Die Eier mit etwas Salz bestreuen und braten. Inzwischen die American Sandwiches toasten.

4 Je eine Scheibe American Sandwich auf einen Teller legen und mit den Bohnen in Tomatensauce übergießen. Je 2 Scheiben Frühstücksspeck auf die Bohnen legen und darauf ein Spiegelei setzen. Das Ganze heiß servieren.

Variation

Anstelle der American Sandwiches können Sie auch Weißbrot verwenden. Sie müssen das Brot auch nicht unbedingt toasten. Wer kein durchgeweichtes Brot mag, kann auch Weizen Toast oder Vollkorn Toast toasten, diagonal zu Dreiecken schneiden und separat zum Farmersnack reichen.

TIPP

In den USA werden Spiegeleier, die nur auf der einen Seite gebraten wurden, „Sunny-side-up“ genannt. Wird das Spiegelei auf beiden Seiten gebraten, spricht man von „Sunny-side-down“.
Dieses Gericht wirkt raffinierter, wenn Sie den kross gebratenen Speck in feine Krümel zerdrücken und diese über Spiegelei und Bohnen streuen.

Zutaten

1 Dose gebackene Bohnen in Tomatensauce (400 g Füllmenge)
20 g Butter
8 hauchdünne Scheiben Frühstücksspeck
4 Eier
etwas Salz
4 Scheiben American Sandwich

euer-taschen

Zubereitungszeit: ca. 10 Min.

Für 4 Personen

Zutaten
2 Knoblauchzehen
100 g geräucherter durchwachsener Speck
1 Zwiebel
2 rote Paprikaschoten
3 EL Butter
4 EL Ajvar
2 EL grüne Pfefferkörner
Salz, frisch gemahlener Pfeffer
1 TL Cayennepfeffer
1 Bund Petersilie
8 Scheiben Vollkorn Toast

1 Die Knoblauchzehen durch die Presse drücken, den Speck fein würfeln. Die Zwiebel schälen, die Paprikaschote putzen, waschen, vom Stielansatz befreien und entkernen. Zwiebel und Paprikaschote fein würfeln

2 In einer Pfanne 1 Esslöffel Butter erhitzen, den Speck und den Knoblauch dazugeben und den Speck auslassen. Dann die Zwiebel- und die Paprikawürfel zum Speck geben und kurz glasig schwitzen.

3 Das Ajvar mit den Pfefferkörnern unter das Gemüse mischen. Alles mit Salz, Pfeffer und Cayennepfeffer kräftig abschmecken, dann erkalten lassen.

4 Inzwischen die Petersilie waschen, trockenschütteln, fein hacken und unter das Gemüse mischen. Die Toastbrotscheiben dünn mit der restlichen Butter bestreichen.

5 Die Gemüsemasse auf vier Vollkorn Toasts streichen, mit den restlichen Toastscheiben bedecken und im Sandwich-Toaster 5 bis 6 Minuten toasten. Die Sandwich-Toasts diagonal halbieren.

Variation

Anstelle der Vollkorn Toasts können Sie auch Weizen Toasts verwenden.

TIPP

Ajvar ist eine pikante Paprikazubereitung, die sich auf dem Balkan großer Beliebtheit erfreut. Man erhält sie z. B. in türkischen Lebensmittelgeschäften.

hawaii-schnitten

Zubereitungszeit: 8–10 Min.

Für 8 Stück

Zutaten
4 Scheiben Ananas (aus der Dose)
8 Scheiben Butter Toast
4 EL Schmand
8 Scheiben gebratene Putenbrust
1 Kästchen Gartenkresse
8 EL Chilisauce
8 Scheiben Butterkäse

1 Die Ananasscheiben gut abtropfen lassen, dann einzeln zwischen 2 Schneidebrettchen legen und mit einem scharfen Messer quer halbieren, so dass aus einer dicken zwei dünne Scheiben entstehen.

2 Von den Butter Toasts 4 Scheiben dünn mit Schmand bestreichen und mit Putenbrust- und Ananasscheiben belegen.

3 Die Kresse mit einer Küchenschere von den Hälmchen schneiden und über die Ananasscheiben streuen. Das Ganze mit Chilisauce beträufeln und mit den Butterkäsescheiben bedecken.

4 Zuletzt die restlichen Butter Toast Scheiben darauf legen und im Sandwich-Toaster 5 bis 6 Minuten toasten. Zuletzt die Toasts diagonal halbieren und sofort servieren.

Variation
Anstelle von Butter Toast können Sie auch Weizen Toast oder Vollkorn Toast verwenden.

TIPP

Wenn Sie keinen Sandwich-Toaster besitzen, können Sie die getoasteten Scheiben mit der Füllung belegen und im Backofen etwa 10 Minuten überbacken.

applepie

Zubereitungszeit: ca. 10 Min.
(plus 2 Stunden Marinierzeit)
Für 4 Personen

Zutaten
3 EL Rosinen
3 EL Rum
2 säuerliche Äpfel
Saft von 1 Zitrone
3 EL gehackte Mandeln
2 EL gehackte Haselnüsse
1 TL Zimtpulver
1 Päckchen Vanillezucker
2 EL Honig
2 EL Haferflocken
8 Scheiben Butter Toast
2 EL Butter

1 Die Rosinen und den Rum in eine kleine Schüssel geben, gut vermengen und mindestens 2 Stunden quellen lassen. Inzwischen die Äpfel schälen, vierteln, entkernen, fein raspeln und sofort mit dem Zitronensaft beträufeln, damit sie sich nicht braun verfärben.

2 Die Apfelraspel mit den abgetropften Rumrosinen, den Mandeln und den Haselnüssen in einer Schüssel mischen. Das Zimtpulver, den Vanillezucker und den Honig untermischen und das Ganze mit den Haferflocken leicht binden.

3 Die Butter Toasts mit der Butter bestreichen und die Apfelmasse gleichmäßig darauf verteilen. Die restlichen Butter Toasts auf die Apfelmasse legen und das Ganze im Sandwich-Toaster 3 bis 4 Minuten toasten. Die Toasts diagonal halbieren.

Variation

Anstelle von Butter Toast können Sie auch Weizen Toast oder Vollkorn Toast verwenden.

TIPP

Rumrosinen gibt es auch als Fertigprodukt. Die selbst gemachten sind aromatischer, aber auch feuchter, so dass Sie eventuell etwas mehr Haferflocken zum Binden brauchen.

rezept-verzeichnis

Im FALKEN Verlag sind zahlreiche Titel zum Thema „Essen und Trinken“ erschienen. Sie erhalten sie überall dort, wo es Bücher gibt.

Sie finden uns im Internet: **www.falken.de**

Dieses Buch wurde auf chlorfrei gebleichtem und säurefreiem Papier gedruckt.

Der Text dieses Buches entspricht den Regeln der neuen deutschen Rechtschreibung.

ISBN 3 8068 7593 6

Herausgeber: Wendeln Brot- und Backwaren GmbH & Co. KG
Rezeptentwicklung und Einleitung: Anne Iburg
Umschlaggestaltung: Rohwedder-Becker, Büro für Konzept und Gestaltung, Mainz
Layout: Johannes Steil, Wiesbaden
Rezeptfotos und weitere Fotos im Innenteil: FALKEN Archiv
Redaktion: Bettina Snowdon
Produktion und Satz:
VerlagsService Dr. Helmut Neuberger & Karl Schaumann GmbH, Heimstetten
Druck: Appl, Wemding

817 2635 4453 6271